VALOR

por Jane Belk Moncure
ilustrado por Helen Endres

Creado por

THE CHILD'S WORLD

Edición especial para Encyclopaedia Britannica

¿Qué es el valor?

Valor es demostrar fortaleza para
hacer lo que debes.

Subir a la bicicleta después de que te
has caído, eso es valor.

Dejar al doctor que te ponga una
inyección, aunque duela, eso es valor.

Valor es decir a un grandulón que no
moleste a tu hermanito.

Practicar una zambullida desde el trampolín aunque no lo hagas bien la primera vez, eso es valor.

Valor es hacer algo una y otra vez hasta
hacerlo bien.

Valor es conversar con papá cuando has hecho algo malo.

Valor es disculparte tras discutir con tu mejor amiga. Y valor es componer las cosas otra vez.

Decirle a tu mamá que te secaste las manos sucias en la toalla limpia, eso es valor.

Cuando te hacen el último "out" en un
juego de beisbol, valor es no culpar al
árbitro.

Cuando un amigo quiere copiar de tu
examen, valor es decir "No".

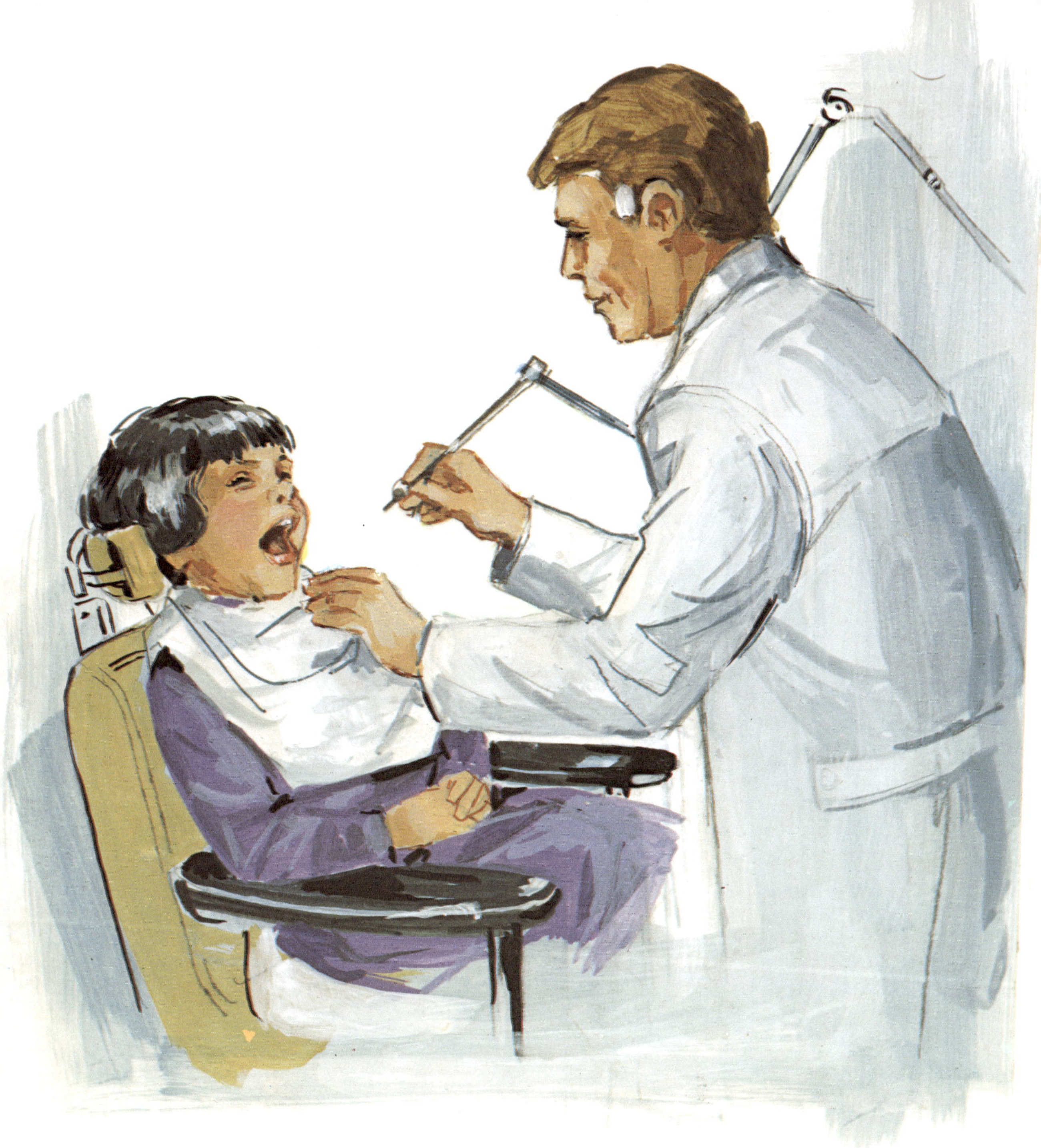

Valor es abrir la boca para el dentista.

Valor es aprender a acariciar al perro de
los vecinos . . . después de que mamá te
aseguró que no te hará daño.

Valor es ir con alegría a tu nueva escuela
el primer día de clases.

Dejar a tus padres que salgan un fin de
semana mientras te quedas con sus
amigos, eso es valor.

Valor es subir la escalera para bajar por
el deslizadero.

Cuando conoces gente nueva, valor es
ser el primero en decir "Hola."

Valor es tratar de ser lo mejor que
puedas cada día.

¿Puedes pensar en otras formas de
mostrar valor?